Edição:
Camila Araujo & Nathan Matos

Revisão:
LiteraturaBr Editorial

Projeto Gráfico e Capa:
Estúdio Astronauta Mecanico

1ª edição, Belo Horizonte, 2017.

Nesta edição, respeitou-se o novo
Acordo Ortográfico da Língua Portuguesa.

B574r
Bezerra, Tenille | Rumor
ISBN 978-85-92579-22-7
CDD 869.91
Índices para catálogo sistemático
1. Poesia 2. Poesia Brasileira I. Título

Belo Horizonte:
Editora Moinhos
2017 | 56 p.

editoramoinhos.com.br
editoramoinhos@gmail.com

rumor

Tenille Bezerra

MOINHOS

ella se desnuda en el paraíso
de su memoria
ella desconoce el feroz destino
de sus visiones
ella tiene miedo de no saber nombrar
lo que no existe.

Alejandra Pizarnik

tenho um projeto de livre,
escrevo róseas e arde.

II

noite calma
rumina o tempo
debaixo da pele

memória navalha
que o vento agita
e corta

— norte em falso —

silêncio desperta
opaco
palavras secas
caem dos poemas
cansados

o tempo é um estado

areia fina entre os dedos
pátina de um rio sem margens
promessas escuras

libélulas por todo lado.

III

ao vento para que não escute
a canção pálida que vem do oeste,
a crença nos espelhos
— palácio da noite —
hálito de fogo onde
habito
e estou só.

IV

ver cinza no céu azul
gosto de fuligem no broto de flor
habitar palavras para cuspi-las
ser mais do que silêncio
não haver tempo que caiba
esquecer o nome da mãe
maldizer milagres
caminhar de costas
soprar liberdade pelo ventre
esconjurar a dor
sangrar carne nova
embrulhar o corpo no jornal
ser notícia velha
esquecer
e fazer poesia.

V

a mão que carrega o lápis
não sonda o verbo,
apenas treme
com o mundo.

VIII

mar virou dentro de mim
sal estanca os lábios
e as sobras
só.

IX

quando era mulher passava dias organizando ideias sob o peito vazio, o tempo voava e eu não dormia. amanhecia o mesmo gosto amargo da noite e o dia cinza sussurrava um bafo quente no meu ouvido. foi quando me feriram de morte que o dia vazio bafo amargo cinza e tudo misturados à minha dor voaram pra dentro tingindo em nódoas de coragem a minha pelagem tímida. fui oncificando. virandoiauaretê.

X

um ganido
um surto
pássaro em falso

escrevo para estancar
o grito
deixando passar

silêncio.

XI

não há tempo
em mim,
nem essência.
são estados
gritos
fantasmas:
possibilidades
que passam
e me abismam.

XII

corpo anteparo faço dele
o que erro
afundo oco parco eros
faço dele o que quero
miro outro passo em falso
cio
giro oco ato falha
mundo empaco parto fio
corpo navalha era
faço dele
quimera.

XIII

em uma esquina do tempo abandono meu corpo à própria sorte, junto a mim dezenas de outros corpos pretéritos: alinto muemba aiunda shiuia. chego no cacimbo, vista sem horizonte, a cidade se recobre em névoa que cai como prece louvando o implícito. caminho lentamente cortando esferas, atrasos concêntricos. mastigo o pó de todos os tempos. sobre mim o brilho das estrelas no céu que já não há.

XIV

— Tempo se perde?
— Achas?

XV

desperto
a luz começa meu olhar
— decerto para mais um dia —
invento plural para ontem
totens
falo antes da língua
dikulo
na pele marcada
passado que distraio nas esquinas.

XVI

alíberes aves e plumas
me espiam olhares e madrugadas
corpaldeia onde chora menina
mulher já não tarda

um canto molhado desaba do céu
na carne sangra o silvo do tempo
de um gole imenso cuspo
o gosto de chumbo
e falo

à noite os espíritos vêm brincar comigo
(deles gosto mais)
sinto carícia na intenção dos dedos
salto curiosa os astros
abismos à flor da pele

queimo estranha a toda música
e gozo
no centro dos trópicos.

XVII

zotz signo maya
nascida da lembrança de ontem
no fim de todas as febres
tremor no pavio da história
transo morcegos e peixes
ausculto
desde os 10 anos não falo
vi o naufrágio das palavras
rindo meu riso
de asa de borboleta
a língua como ensopada
nua pela mata selvagem
estado rasante de puro desvio
mastigo horas em minutos
apenas para quebrar o tempo
(princípio secreto do mundo)
miro o infinito em ondas
livre de tudo
faço da vida
eterno correr.

XVIII

desperto da última febre: insetos rolam cascatas pela boca em chamas, pés descalços andam em círculos, debocham da cabeça túrgida onde minam pensamentos. sangue diz: corre! o cheiro de terra úmida acalenta meus olhos onde relampeiam silêncios. aos braços bailando no ar peço ajuda para levantar, em pernas de pau voluntariosas adentro a aldeia do meu peito, abandono as palavras que revoam inúteis em direção ao céu. olho no fundo dos olhos do jaguar. me vejo no azul do fim do mundo em mim.

XIX

pelos olhos desvia
pela boca saltavungia
ingava corpo de mato
matava vivia
gabava ta teava
nexolento
presente ruge urge
rasga o ente
considera o mundo em si
mata o mundo
volta ao mato: pressente
tudo cabe no olho
que já não vê
o ser
já era
o som do último minuto
silêncio
o mundo é mudo
quebraram o ovo do novo
restou o não na borda do si.

XX

cruz em brasa no corpo
impossível que tal
cheiro afoga a boca
almíscar, copaíba, doce kiama
braços de murta buscando o sol
corpo em estado d'água
vulva, oco, lábio,
delírio de ayahuasca
no gesto curto azedo
lambuzo
musgo na ponta dos dedos
descubro que não estou só.

XXI

mastigo segundos, cuspo séculos.
sou um ponto ágil entre o brilho
e a estrela que já não há.

XXIV

meu cavalo perdido chamo memória. cavalgamos na floresta fechada onde tudo é selvagem e os deuses não entram. a cada passo vertigem por onde escapam palavras. no docespero da ausência (que está em mim) um gesto molhado de tempo a refrescar a boca seca da espera. dentro do meu cavalo me perco observando seu fluxo, torrente que inunda a casa e só cresce. aquáticos, nadamos por entre os galhos de outrora, avistando ao longe os espinhos que o homem deu para chamar futuro e com os quais inventou de construir prisões.

XXV

faz tempo recolho as âncoras
de não partir
distâncias me enlaçam,
nebulosas escorrem do céu
da boca.

no fim da última tarde
minutos se esgarçam
na insônia do relógio.

— na China, não mintas, ainda serás a
mesma.

XXVI

não fosse chão
talvez fosse casa
vida nova rumor
memória
fogo aflora
raio ancora
rindo do que
não ar
não fosse não
talvez fosse asa
se amor fosse palavra
tudo estaria perdido.

XXVII

na entrada me olha
uma porta entreaberta
incerta, convida
cúmplice toda talvez.
no adro,
silêncio de pedra.

paisagem brilho farol
lâmina casco
o primeiro passo
e já são muitos nós,

emaranhado,
todo o asco de dentro
escuro
que só existe
quando atravessado.

XXXI

atravessada por uma lança de ferro em brasa reflito os raios das minhas próprias leis. abandono a moral dos homens para viver sob o jugo do vendaval. por não gostar dos distraídos agito-os, cuspindo fogo em noites mortas. convém chamar meu nome no ocaso, pouco antes de lançar-se ao mar de esquecimento da noite. sou o rastro de poeira que habitas. sou o tempo sujo, a crosta do mistério que guarda a morte dos instantes. é possível que me vejas na extensão do movimento. sou a sexualidade aos galopes. sou o novo.

XXXII

no cume da montanha
sob o horizonte vermelho
minha alma despe-se
ao tempo,

sou eu mesma
a montanha
de onde caio.

XXXIII

aspiro aos caminhos. sou com eles.

XXXIV

filha do silvo da selva
enredo e mistérios da mata
corpo de guerra
ideias em brasa
no lugar dos cabelos.
se canta, é em língua de galo
tempo é pó
que assopra pelo caminho
a cegar as procuras.
andando de lado
me conta como descem do céu
os ancestrais.
me fala do erro que vira
acerto
da boca que tudo
come
da inquietude
do desejo
raízes no ar

no gosto de barro cru
da sua boca
repousa o impulso infinito
de tudo que nasce
e muda a cada momento.
hoje ninguém sabe,
mas é dia dela.
- me ensina o amor,
pedia sonhando.
ele ela curupira.

XXXV

a vida é nó. doa
a quem doer.

XXXVI

súbito me acomete a memória dos animais refugiados na noite escura do meu ventre, pelo céu da boca entram, fazem morada. na região pantanosa do meu ser faísca o tempo, cantam e dançam estes seres, despertando lembranças onde mergulho para avistar imagens fugidias de um passado que não sou. os animais em meu ventre me devoram, e, sem presença, resistimos, na profunda solidão que ainda fala.

XXXVII

minha vida é difícil
e a poesia
não se dá por vencida.

para anita

desconfio da palavra que não se inscreve

silên
cio
lúbrico
poema

pretensinada aluare desalmabito. repito.
habitomalas desaluare em sinesnada prete.

hálito lento latus abato muvento em freme
prece doce quente cheira sangre.

insisto
in situ
no susto
um salto

o futuro rouba a duração do instante
estanca o presente
faca de dois lumes
furo árido no tu
urro ente
pressente que já não há
mente.

previsão do tempo: o sol brilha sobre nada.

Este livro foi composto em tipologia TRADE GOTHIC (capa e miolo), com detalhes em DIN, no papel pólen bold, pela gráfica BARTIRA, para a EDITORA MOINHOS, em dezembro de 2016.